AF237129

Zangengeburt eines neuen Zeitalters – Dritter Versuch

Dieter Scheidig

Zangengeburt eines neuen Zeitalters – Dritter Versuch

Fünf nach Zwölf

Rudolstadt

2022

Bibliografische Information der Deutschen Nationalbibliothek:

Die Deutsche Nationalbibliothek verzeichnet diese Publikation in der Deutschen Nationalbibliografie; detaillierte bibliografische Daten sind im Internet über http://dnb.dnb.de abrufbar.

Lichtbilder und Umschlaggestaltung: Muriel Jahn und Dr. Dieter Scheidig

Herstellung und Verlag: BoD – Books on Demand, Norderstedt

ISBN: 978-3-7568-3389-4

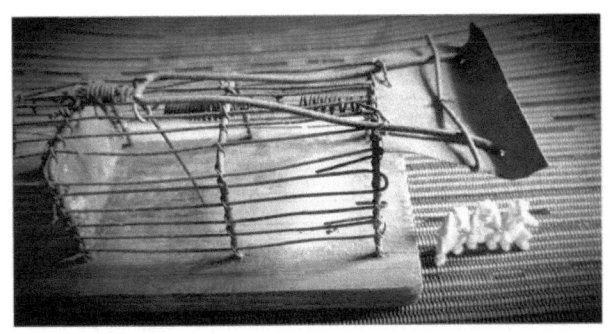

In der vorliegenden Schrift wird nicht gegendert! „Genderei" und deren sozialwissenschaftliche Basis scheint ausgesprochen dünnes Eis ... und vor allem: „Was nicht natürlich ist, ist auch nicht schön!" (Albrecht Dürer)

Wer unlauter, *ohne* den Autor zu nennen, aus dieser Schrift zitiert, den hacke kräftig der Hahn!

Meiner Liebe zu Corina in Zeiten politischen Irrsinns und meiner lieben Heimat- und Vaterstadt an einem späten Oktobertag gewidmet ...

———————————

Du hörst eine Frau den „einmalig schönen Tag" loben und bist froh über soviel Fremdheit.[1]

Timo Kölling

Talmi, Mode, Tag für Tag neu, damit alles beim schlechten ewig gleichen Alten bleibt.

Adorno

Die Menschen glauben, dass sie alles wüssten. Je dümmer sie sind, desto breiter ihr Horizont. Wenn es aber ein Künstler, dem die Menschen vertrauen, wagt, zu bekennen, dass er von dem, was er sieht, überhaupt nichts versteht, dann wird dies ein großer Schritt nach vorn sein.

Anton Tschechow

---

[1] Kölling, Timo: Romanische Halle. Fragmente. „September". BoD. Norderstedt, 2019.

In dieser Lage ist Ehrlichkeit mit sich selbst die beste Art der Vaterlandsliebe.

Luigi Barzini[2]

Ein Wort zuvor – oder das Leiden an klandestinen Büchern

Mittlerweile ist seit Veröffentlichung meiner ersten „Zangengeburt" ein knappes Jahr, seit der zweiten ein halbes vergangen. In diesem Zeitquantum sind im vergangenen Jahr 68.000[3] neue Bücher auf dem deutschen Buchmarkt erschienen. Zwei davon waren die beiden „Zangengeburten" - das ist kein Grund zur eigenen Resignation, aber zumindest der Kasus von realer Nachdenklichkeit über die bescheidene Wirkung von Publikationen und das Interesse einer (meiner?) Rezipienten-Schar:

---

[2] Barzini, Luigi (1908-1984): italienischer Journalist, Autor und liberaler Politiker
[3] Zahl: Internet

Den Super-Schlauen unter uns war mein Gegenerzählungs-Geschreibsel zu doof, den Doofen zu schlaumeiernd: Ich muss einsehen, sowohl intellektuell als auch einordnungspolitisch zwischen allen Stühlen zu sitzen ... *Zwischen* allen!

Die wenigen Erkenntnisse dieser bislang zwei Schriften blieben ein wohl sehr unbedeutender, winziger, fast konspirativer „Erbhof kleiner, sehr vereinzelter Intellektuellengruppen (...)"[4], welche meine Schriften ohne kräftige Werbung eines mehr- oder minder bedeutenden Verlags kauften – wenn überhaupt. Vielleicht glaubte ich naiver Fant an mehr ...

Viele der Rezipienten entnahmen den beiden „Zangengeburt"-Publikationen eine Handvoll resignierend-solitärer Botschaften: Vor allen die in meinen Schriften begründete Gegnerschaft zu unnützem Phantom-Verdruss, labiler Stimmung, weit verbreiteter Apokalypse- und Absichts- vermutungs-Phantasien ... Und vor allem:

Die Lösung ist, es gibt keine Lösung ...

---

[4] Gramsci, Antonio: Gefängnishefte. Hamburg 1991.

Was ist in diesem Jahr anders geworden? Sehr viel! Zu viel!! Der Internationale Währungsfonds vermeldete kürzlich ungewöhnlich pessimistisch, „dass die drei größten Volkswirtschaften der Welt nachweislich ins Stocken geraten sind und die Inflation höher ausfällt, als zuvor prognostiziert.[5]" Höher ausfällt? Sie galoppiert! Die Kaufkraft sinkt mit hoher Fallgeschwindigkeit. Die Rechnung ist eine denkbar einfache: Sprit- und Energie-, sowie Lebensmittelpreise bei konstantem Lohnniveau treffen eine kräftige Aussage.

Der gesellschaftliche Überbau, die „Herrenseite"[6], die Lenker und Leiter unseres Schicksals und unserer Stimmung können den Rohstoff Zukunft kaum oder nicht mehr liefern. Den Rohstoff Gas bzw. Energie übrigens auch nicht mehr ...

---

[5] So zitiert von Strenger, S. C.: in "Kunst und Auktionen", Jahrgang 50, 19. 08. 2022, Nr. 13, S. 3.
[6] Ein Begriff von Ernst Bloch. In: Durch die Wüste. Kritische Essays. Berlin 1923.

Diese Herren produzieren im immer gleichen, fast meltdownartigen Politiker-Sprachsound nur noch schwülstige, misstrauisch machende Emotionen wie „Wir schaffen das", „Wir müssen uns unterhaken", „Zusammenhalten"[7] - einbrechende Kälte soll durch sentimental - oberflächliches Besserwelt-Polit-Geschnatter aufgehalten werden.

Die Hoffnung, von der noch Ernst Bloch als dem „positiven Erwartungseffekt"[8] sprach, ist in weiten Teilen der „Normaldenker" völlig dahin ... Bisheriger Phantomschmerz über die gesellschaftlichen Umstände weicht unterschwelliger Furcht vor der Ausweitung eines europäischen Krieges, der „negative Erwartungseffekt" und „Hohlräume" (Ernst Bloch) sind beherrschend.

Unsere „wirklichen Führer ins Glück"[9] und gütigen Hohepriester dessen, was zu denken ist, sorgten und sorgen indes rührend dafür:

---

[7] Scholz, Bundeskanzler, in einer am 02. 07. 2022 veröffentlichten Videobotschaft: „Wenn wir uns unterhaken und zusammenhalten, sind wir stark."
[8] Bloch, Ernst (1885-1977), deutscher Philosoph
[9] Bloch, Ernst: Exkommunisiert. In: Der Spiegel, August 1960, Nr. 34.

Nämlich mit täglich neuen Schreckensmeldungen und der unaussprechlichen Sorge, dass „angesichts der Ukraine-Krise und anderer Verwerfungen der globalen Wirtschaft gegen Jahresende die Luft ausgeht."[10] - auffliegende Politcausa-Intriguen, Crash-Angst, offenkundige Fehler und Schreck-Erlebnissen an Tankstelle, Stromrechnungsmahnschreiben, mediale Doppelstandards, anrüchig werdende Institutionen, Gasmangelandrohungen, die Empfehlung des Waschlappens für energiesparende Katzenwäsche, zeitreduzierte Dusche und dem täglichen Kaufmannsladen mit seinen Mondpreisen.

Für das, was da nun „kommt", gibt es keine Shabby chic-Geschichtsschablone einstiger Abläufe mehr: Nach der Wende spielte die BRD für die DDR nach bewährtem eigenem geschichtlichem Verlaufschema ein bisschen USA. Was soll nun aber an künftigen historischen Verlaufsschemata kommen?

---

[10] ebenda

Die archaisch-raue Klassenkampfschablone der beginnenden 1920er? Spartakusaufstand und Kapp-Putsch?

Die Vergangenheit in ihrer partiellen Wertbeständigkeit in geistiger und materieller Hinsicht scheint endlich und vollständig musealisiert, weil diese die Gegenwart (scheinbar von den Medien gewollt) nicht mit schematischen Verlauf-Beispielen und Weisheiten zu belehren vermag.

Den heutigen, im Verhältnis zu ihrer Wählerstimmzahl eine zu heftige gesellschaftliche Dominanz besitzende, fast völlig geschichts- und gesichtslosen Einweg[11]- Politik-Protagonisten und auch deren willigen Rezipienten und Folgern sind Spartakus-Aufstand, Kapp-Putsch und Hyperinflation schlicht unbekannt.

Kaum einer ist in der Lage und willens, gegen das hummlig-woke, emotionsgesteuerte, jetztzeitliche Wirklichkeitskonstrukt mit Wirksamkeit anzuschreien.

---

[11] Diese sind in keiner zweiten Legislatur wiederverwendbar: zu viel Porzellan zertrümmert …

Der Widder-Rammsporn einer Gegenmeinung scheint ihn nicht durchbrechen zu können.

Indes: Oft wird von alternden, in Krisen befindlichen, rechthaberischen Gesellschaftssystemen vollkommen die Wirkung der Opposition unterschätzt. Und so kann es geradezu befreiend wirken, alberne Mikroreaktionen der Herrschenden (Energiepauschale, Tankrabatt) zu bemerken, die in dem Unwillen und lauten Schweigen[12] der Unteren auf soziale Missstände ihre Ursache besitzen.

---

[12] Ein, Spruch von Zarko Petan, slowenischer Autor und Aphoristiker (1929-2014)

Es ist klar aus allem, daß Deutschland seine Krise noch gar nicht erfaßt hat. Der tägliche Jammer, der Mangel an allem, die kreisförmige Bewegung aller Prozesse, halten die Kritik beim Symptomatischen. Weitermachen ist die Parole. Es wird verschoben und verdrängt.[13]

Berthold Brecht

Wachsende Wüste[14]? Keine Transzendenz, keine Bücher, kein Garnix ...

Die BRD-Familie Frömmel, Patrick(44) und Yvonne (42) nebst Töchterchen Jessica(8) nämlich (beide Eltern nur „behörden-", keinesfalls lebensklug), welche sich für das auf der grünen Wiese des kürzlich eingemeindeten Dorfes errichtete schicke „Copy & Paste[15] – Haus" (kreditierte 300.000.- Euro) abrackert, erblickt am Feierabend, intensiver Langeweile entfliehend, auf dem übergroßen

---

[13] Brecht, Berthold: Journal Schweiz. 06. 01. 1946. In: GBA, Band 27, S.262 ff.
[14] Nietzsches Beispiel der wachsenden Wüsten ...
[15] „Kopieren und Einfügen", ein Prinzip von Datenübertragung von Software-Anwendungen, hier gemeint als einfallsloser Neubau nahe und inmitten anderer massengefertigter Einfamilienhausneubauten.

Flachbildschirm nur dem heutigen Programm-standard seit einigen Jahren inhärente Inhalte, wie glutrote Wetterkarten der Öffentlich-Rechtlichen und woker Tatortsendungen nebst umetikettieren-der Realitätssimulation einer BRD (die es so nie gab und nie gibt): Eine banale Besserwelt des gewünschten Scheins, wie sie nur in Ansätzen vorhanden war. Bücher? Fehlanzeige! Nennens-werte Bücher sind übrigens keine im Haus. Auch keine Transzendenzerfahrungen ...

Patrick und Yvonne sind indes auch wenig skrupulös, wider vielleicht besseres inneres Gefühl, die moralische Über-Korrektheit der eigenen Position auffällig-optisch nach außen zur Schau[16] zu stellen: Ob es im Hochsommer Corona-Masken tragend signalisiert, selbstverständlich den Hut des Landvogtes zu grüßen oder mittels Autoaufklebern und optischen FB-Profilbild-Zusätzen („Friedens"- Ölbaumzweig, Ukrainefahne oder die liebe spitze Spritze mit „Ich-bin-geimpft"-Schriftzügen) ihre Ablehnung zu von der Mainstreamgesellschaft nicht zustimmungsfähig

---

[16] Sogenanntes „Virtue signalling": eine Tugendsignalisierung

empfundenen Auffassungen und Strömungen demonstrieren. Und bei all diesen Meinungs-Faktoren glauben unsere cleveren Protagonisten nun, dass sie genuin nur ihren eigenen, individualistischen Intentionen und Neigungen folgen und dass ihre Meinungen aus reinem, lediglich bloß zufälligen Zufall mit den Vorgaben des (noch) Mehrheits-Mainstream übereinstimmen. „Die meisten Menschen sind sich ihres Bedürfnissens, sich anzupassen, nicht einmal bewußt."[17]

Für Patrick und Yvonne Frömmel nun steht die eigene Reputation, die Belohnung durch Mehrheits-Meinungs-Gruppen-Zugehörigkeit, Anpassung (ob unbewusst oder mit Kalkül) aber mehr noch der ökonomische Tugendzwang im Vordergrund, den guten und leichten, dennoch überbezahlten Job bei Caritas oder Stadtverwaltung nicht durch abweichle-risches Meinungsgut und un-beherrschte öffentliche Lachsalven oder Lagerkämpfe zu gefährden.

---

[17] Erich Fromm, Psychoanalytiker, Sozialpsychologe (1900-1980)

Sicher bringt schulterzuckendes Schweigen und aufgesetzte Urteilslosigkeit zu den gesellschaftlichen Verwerfungen seit der letzten Jahrtausendwende nicht nur Nachteile in der Öffentlichkeit ...

Auch das Volatile ihrer Meinungen ist bemerkenswert: reflexionsloses Umschwenken auf einstige Gegenpositionen, wenn es nur gruppenrelevantes Meinen ist: „Jede Kreatur wird wechselweise euer Schlachtopfer oder euer Götze."[18] Und: „Nichts kommt unter Menschen seltener vor, als eine eigene Handlung."[19]: Ihr Leben, das Leben von Yvonne und Patrick im Einfamilienhaus, scheint zu seelenlosen Mimikry verkommen.

Die nüchternen und geduldigen Menschen, „die nicht verzweifeln angesichts der schlimmsten Schrecken und sich nicht an jeder Dummheit begeistern", wie Antonio Gramsci in seinen

---

[18] Haman, Johann Georg (1730-1788), deutscher Philosoph, Freund Kants
[19] Emerson, Waldo (1803-1882), amerikanischer Philosoph und Autor von Essays

Gefängnisheften meinte, sind beide, Yvonne und Patrick indes *nicht*:

„Pessimismus des Verstandes, Optimismus des Willens"[20] Die ganze Welt schrumpft nun auf diese ausgeübte Brot-Tätigkeit, wertiges Eigenheim und das leicht inferiore Gefühl einer Leere und kompasslosen Ratlosigkeit, das man vielleicht dieses bescheidene Wohlleben gar nicht verdient, zusammen: Es scheint keinen Moment unbesetzter Zeit zu geben, trotzdem: „Langeweile hängt mit der Abwesenheit von innerer Lebendigkeit, produktiver Aktivität, echter Verbundenheit mit der Welt zusammen, vielleicht am grundlegendsten mit der Abwesenheit von Liebe zum Leben."[21]

Vielleicht deshalb die Empfindlichkeit Patricks und Yvonnes für woke Parolen des Zeitgeistes, für das gute Gefühl, zu den moralisch Besseren zu gehören? So spielen Yvonne und ihr ehelicher Gemahl einer wohl schreienden Minderheit in die Hände.

---

[20] Gramsci, Antonio: Gefängnishefte. Kritische Gesamtausgabe. Band 6. Hamburg. §11.
[21] Erich Fromm

Der nun durchaus menschliche Versuch unserer kleinen Musterfamilie indes, planbar geplant durchs Leben zu gehen (Einfamilienhaus, vermögensbildende Lebensversicherung, Bausparvertrag, Autokredit etc.), scheitert sehr oft, allzu oft - unabhängig der inneren Einstellung und historischen Generation - an der objektiven Realität und der negativen Kontinuität gesellschaftlicher und menschlichen Natur[22].

Sollten sie darum nachgeben und aufhören, von einem fabelhaften, widerspruchsfreien Zustand auf *ihre* Art hinzuträumen?

„Das ist die erstaunliche Lehre, die und dieses interessante Zeitalter erteilt, daß viele Dinge, die vordem erstrebenswert waren wie nichts, lauter Ziele, aufs innigste zu wünschen (...), daß also diese vielen prächtigen Dinge wie (...)Stellungen, Gehälter, Pensionen, so unwirklich, problematisch, luftig, schimärenhaft geworden sind wie irgendwelche Ausgeburten der Phantasie. (...)"[23]

---

[22] Ein Gedanke von Edmund Burke (1729-1797).
[23] Krenek, Ernst: Freiheit des menschlichen Geistes. In: Ernst Krenek: Zur Sprache gebracht. München 1958. S. 121.

Der Mensch gewöhnt sich mit entsetzlicher Leichtigkeit an die absolute Hässlichkeit und an das reine Böse. Eine Hölle ohne Qualen verwandelt sich leicht in einen etwas heißen Urlaubsort.

Davila

Von der Arroganz heutiger selbsternannter Kunst-Eliten – oder die geistige Arbitrage[24] der Kultursöldner

Es scheint eine Art geistige Arbitrage bei provinziellen Museumsleuten, Kulturamtsleitern und Schauspielern in heftigem Schwunge zu sein: Einmal auf dem fast kritikresistenten Posten sitzend, von welchem aus Dritte sehr bequem in die Position des machtlos – Unbedeutenderen und Dümmeren gerückt werden können ...

Voraussetzungen sind natürlich eine regelmäßige staatliche Gehaltsalimentation, Konkurrenz-

---

[24] Arbitrage, lat. arbitratus: freies Ermessen, ist in der Ökonomie die ohne unternehmerisches Risiko erfolgte Ausnutzung von Kurs- und Preisunterschieden zum Behuf der Gewinnmitnahme/Gewinnerziehung

losigkeit und Eitelkeit: Vor allem Theaterleute erwarten, als eine geistige Elite betrachtet zu werden, welche politisch zu wirken sich berufen fühlen: Aber wo und worin und woraus sind denen spezifische und hochwertige Erfahrungen und Erkenntnisse in Politik und Gesellschaft erwachsen? Mit ihren schrillen Regie-Theaterstücken (wo sich die Protagonisten inmitten magerer Requisiten auf der Bühne kratzen und balgen) sowie mit ihren Projekten und Formaten wollen diese geistigen Arbitrageure etwas „bewirken"! Auch diese staatsalimentierten Körper sind in ihrer sprungbereiten Feindseligkeit stramm als Söldner einer neuen Realitätsdoktrin und Herrschafts-struktur tätig: Aber es bleibt inhaltlich, formal und an mageren Gehalt (nämlich geradezu eine erschütternd dürftige und moralisierende Banalität) der alte Sauerbrei ohne Balance von möglichen Rest-Verstand und stark vorhandenen selbstgefällig-progressivem phari-säerhaftem Gefühl längst gescheiterter, ins Debakel führender utopisch-sozialer Theorien und Weltbilder des 20. Jahrhunderts ... Es ist ein Spiel mit der fiktionalen, leicht ungehörigen und kaum mehr mit künstlerischer Freiheit gedeckeltem

Gefühl der Gegnerschaft zur Gesellschaft, welche ebendiese Protagonisten jedoch überreich füttert und alimentiert: In einer Mixtur aus Realitätsfeindlichkeit (mit einem properen Monats-Nettogehalt ist sehr, sehr vieles und auch Abstruses gut und richtig zu finden) und eigener Dünnhäutigkeit (wenn denn indes doch einmal kritisiert) zeigen diese Künstler-Simulations-Menschen mit kritischem Finger palavernd auf ihr Publikum. Aber wer mit dem ausgestreckten Finger auf andere zeigt, zeigt vor allem auf sich selbst und den eigenen Mangel: Denn die Rezipienten haben durchaus gesunden, spontanen Menschen-verstand und Realitätsbezug, sie hängen zum wenigsten keinen linksintellektuellen Schnaps-ideen nach. Dieses ist das Syndrom, von welchem Davila spricht: „Die Wasser des Abendlandes sind faulig, doch die Quelle ist rein."

Deshalb, weil etwas Gültigkeit für mich hat, verlange ich doch nicht, wie es oft geschieht, dass die ganze Welt sich danach richten müsse; es leuchtet mir ein, dass es tausend verschiedene Arten der Lebensgestaltung gibt; im Gegensatz zur üblichen Ansicht scheint es mir naheliegender, dass wir Menschen alle verschieden sind, als dass wir alle gleich sind.

Michel de Montaigne

Umwelt- und Klimabewegung als ein Ergebnis des Halbwerts-Zerfallsprozesses linker Meinungs-Theorien

Der religiös ambitionierte Klima- und Umweltschutzkultus scheint das Meinungszerfallsprodukt eines praktisch und historisch in schöner Regelmäßigkeit gescheiterten sozialistischen Weltbildes zu sein: Enttäuscht, den marxistischen Gedanken und das Bild allzu gerechter Vorstellungen *n i c h t* mit der eigenen eloquenten selbstischen und argumentativ doch so guten und schlüssigen, logisch-sicheren Meinungsbrandfackel die letzten 30 Jahre auf die vorhandene, oft eben rational sachlich-monetarisierte, sozialismus-unaffine Gesprächsumgebung und den „Gesamtkomplex Dasein"[25] ausbreiten zu können, wandelten sich unsere Links-Fanatiker in eigenem Selbsthass zu teilweise glühenden Klimawandelanhängern:

Um wieder moralisch „vorn", „heutig" und „richtig" zu sein, fiktional-aktiven Anteil an der Zeit und ihren Meinungen zu haben, werfen sich diese Enttäuschten auf Umwelt-Religionen ...

Es scheint das „Zuckerwerk und die Näscherei ihrer Seele (...)"[26]: Man kann in und mit ihnen nichts falsch machen - wer will schon gegen „Umwelt" und deren Schonung sein! Noch einmal: Es scheint indes wie die fast an jesuitische Kasuistik erinnernde Frage der normalitätsverzerrenden

---

[25] Ein bemerkenswertes Wort in dem Roman „Der Schlaf in den Uhren"
Tellkamp, Uwe: Der Schlaf in den Uhren. Suhrkamp. Berlin 2022. S. 227.
[26] Nietzsche: Menschliches, Allzumenschliches, Abschnitt 359

SED-Machthaberlein der späten DDR-Zeit zu sein: „Sie sinn wo nich für'n Frieden?" Natürlich!

Jeder „is" für den Frieden! Man will ja kein amoralisches Arschloch sein ...

Der emotionale Wunsch, auf der richtigen, auf der zweifelsfrei wahren, „netten" und guten Mehrheitsseite zu stehen, ist menschlich also durchaus verständlich. Da nun wird eben eine (so scheint es) durchaus notwendige Glaubens-Selbstumpolung initiiert: Das eigene Gedankenkonzept ist in der unerbittlich-realen Wirklichkeit gescheitert und hat sich als Lüge oder gar etwas religiös Unerfüllbares herausgestellt. Deshalb: Umsteuerung mittels des eigenen mentalen Maschinentelegraphen. Das scheint intelligent, aber nicht besonders selbstehrlich.

Ist es eine scheinbare Flucht ihres „besseren Selbst"[27] in eine selbstinszeniert, zeitangepasste, ja passende „Verheutigung"?

---

[27] Nietzsche, Friedrich: Menschliches, Allzumenschliches. Abschnitt 209. „Aus der Seele der Künstler und Schriftsteller"

Aber: Das aggressive Wundern dieser Menschen über den reaktiven Groll der Gegenseite wundert wiederum uns ewige Skeptiker und routinierte Dissidenten, die wir unser mühsam und lernend zusammengeklaubtes analytisches Instrumentarium noch nicht in den monokausal erklärenden Gebets-Karton einer Bubble gesperrt und dem medialem Dauerbeschuss einer interpretativ dargestellten Wirklichkeit (bislang) mittels unserer eigenen kritischen Wahrnehmung widerstanden haben. Vor allem die Empfindlichkeit gegen Klischees, Plattitüden und leere Begrifflichkeiten: Vor allem leere Phrasen - Die Empfindlichkeit gegen das Weasel-Word[28]! "Wir verdanken den Amerikanern eine große Bereicherung der Sprache durch den bezeichnenden Ausdruck Weasel-Word.

So wie das kleine Raubtier, das wir auch Wiesel nennen, angeblich aus einem Ei allen Inhalt heraussaugen kann, ohne dass man dies nachher optisch der leeren Schale anmerkt, so sind die Wiesel-Wörter jene, die, wenn man sie einem Wort

---

[28] Hayek, Friedrich August von: Wissenschaft und Sozialismus. In: Gesammelte Schriften in deutscher Sprache. Bd.7. S.61 ff.

hinzufügt, dieses jedes Inhaltes und jedweder Bedeutung berauben.

Ich glaube, das Wiesel-Wort par excellence ist das Wort sozial (...)" Heutigen Tages gesellen sich indes viele Wörter in diesen Begriffs-Stuhlkreis.

Aber: Was ist Wahrheit? Nie darf man, so scheint es, das Meinen einer Mehrheit mit der Wahrheit verwechseln (sehr frei nach Jean Cocteau zitiert): Die Wahrheit wohnt in der Etage, zu der die Moral und ihre ewig priesterhafte Attitüde striktes Zugangsverbot hat[29]. Die Wahrheit scheint hyperindividuell, wie uns in dem den Artikel einleitenden Montaigne-Zitat offeriert wird.

So Arthur Schopenhauer: „Die Allgemeinheit einer Meinung ist, im Ernst geredet, kein Beweis, ja nicht einmal ein Wahrscheinlichkeitsgrund ihrer Richtigkeit." Sind Mehrheitsmeinungen konstruktivistische Absurditäten?

---

[29] Ein vom Autor stark verändertes Dürrenmatt-Zitat: „Die Gerechtigkeit wohnt in einer Etage, zu der die Justiz keinen Zugang hat."

„Wenn die Wahrheit einer Sache unbekannt ist, so ist es gut, dass ein gemeiner[30] Irrtum besteht, welcher das menschliche Denken fixiert."[31] (Blaise Pascal): Nein! Diesem Denker sei hier entschieden widersprochen.

Denn: Wer sich im Besitz der Wahrheit glaubt, hat keine ethischen Bedenken und Schranken mehr ...

Die Menschen kämpfen für Aberglauben genauso wie für eine Wahrheit[32]. Und: „Nie haben die Massen nach Wahrheit gedürstet. Von den Tatsachen, die ihnen missfallen, wenden sie sich ab und ziehen es vor, den Irrtum zu vergöttern (...)[33].

Das anscheinend hat durchaus gewichtige Gründe: Es hat auf viele einen (wenn auch unterschiedlich starken) Bereitschafts- und Wirkungseffekt, welche ein wahrgenommener Erfolg anderer hat, sich *a k t i v* deren Meinungen und Handlungen anzuschließen.

---

[30] Zu lesen und gemeint als: gemeinsamer Irrtum.
[31] Pascal, Blaise, 1623-1662, französischer Wissenschaftler, Mathematiker
[32] Frei nach Hypatia von Alexandria
[33] Gustav le Bon. In: Psychologie der Massen.

Der Autor selbst kann aus seinem kurzen Leben einige unbedeutende Einzelfall-Erlebensbeispiele darbringen:

Sozialistische Parteisekretäre, die gestern noch die allmonatliche Versammlung durchführten und nächsten Tages mit einem Transparent „Neues Forum" an der im Schutz eines kleinstädtischen Kirchengebäudes beginnenden 1989er Wende-Demonstration teilnahmen. Ein sehr aktiver Wandel! Persönlicher Wandel durch den Wandel gesellschaftlicher Umstände!

Oder durchaus intelligentere Nachwende-menschen, welche in der Zeit um die große, falsch gefeierte Jahrtausendwende sich einer damals noch erhebliche Wahlprozente im kleinen wie großen generierenden Partei anschlossen, welche heute (übrigens reine, genuine Häme des Autors) erheblich in der Wählergunst abgekackt hat.

Mich bewahrten indes oft die *eigene*, propere Naturfaulheit und ein allgemein lebenshinderliches Phlegma in meinem Tätigkeitsdrang, anderen Menschen, erfolgreicheren Menschen plump nacheifern zu wollen …

„ ... daß ein Tier vom anderen überfallen und gefressen wird, ist schlimm, jedoch kann man sich darüber beruhigen: aber daß so ein armes unschuldiges Eichhorn, neben dem Neste mit seinen Jungen sitzend, gezwungen ist, schrittweise, zögernd, mit sich selbst kämpfend und wehklagend dem weit offenen Rachen der Schlange entgegenzugehen und mit Bewußtseyn sich hineinzustürzen, - ist so empörend und himmelschreiend, daß man fühlt, wie recht Aristoteles hat zu sagen: (...) – Was für eine entsetzliche Natur ist diese, der wir angehören!"[34]

Arthur Schopenhauer

---

[34] Schopenhauer, Arthur: Handschriftliche Nachträge zu WII 3. Auflage. 1859:

Die Gewalt des Vergessens (…)[35] und pseudoreligiöse Verbissenheit - oder der vergebene Dialog mit Linken

Gegen die schwungvolle Renaissance bestimmter politischer Strömungen - trotz ihres mageren historischen Erfolges - scheint wenig Kraut gewachsen: „Oft sind politische Systeme, die sich des Terrors bedienten, nach ihrer Niederlage durch innere und äußere Feinde eine Zeitlang dem Abscheu verfallen, bis der Abscheu verging und neue Begeisterung sich entzünden ließ."[36]

Im interaktiven Diskutieren mit „aechten" Linken bzw. dem eigenen Versuch dieser Auseinandersetzungsform bleibt der mögliche Verhältnisraum[37] immer im Begrenzten, Starren, Eingehegten:

---

[35] Eine Formulierung Horkheimers, aus: Horkheimer, Max: Zur Kritik der instrumentellen Vernunft. Fischer-Verlag. 1967. S. 318.
[36] Horkheimer, Max: Zur Kritik der instrumentellen Vernunft. Fischer-Verlag. 1967. S. 318.
[37] Begriff von Jozef Tischner, polnischer Philosoph und Priester, 1931-2000

Schuld sind immer die Anderen und die eigene Meinung, dass es der überzeugte PDS-Parteisoldat „draußen im Lande mit Millionen von Idioten zu tun hat (…)" [38]

Schuld ist immer die mangelhafte, da nicht sozialistisch organisierte Gesellschaft. Schuld an allem ist der Kapitalismus …

Vor allem, wenn der große Lebenserfolg ausbleibt, tendieren die nur überschaubar mit Intelligenz Ausgestatteten dazu, für ihre eigene Erfolglosigkeit den als bloßes Schlagwort gebrauchten Kapitalismus als solitäre Ursache zu sehen: „Es ist viel einfacher, die Schuld für die eigene Erfolglosigkeit im Kapitalismus zu suchen als bei sich selbst"[39] Der Historiker Rainer Zitelmann zeigt auf, dass es zwischen pekuniärem Erfolg und den Persönlichkeitsmerkmalen der „Reichen" einen engen Zusammenhang gibt[40].

---

[38] Ein Zitat von Hans Magnus Enzensberger
[39] Zitelmann, Rainer, geb.1957 in Frankfurt/M., Unternehmer, Buchautor, Wissenschaftler
[40] Zitelmann Raine: Die Gesellschaft und ihre Reichen: Vorurteile über eine beneidete Minderheit. München 2019.

Aber Menschen sind nun eben ein Teil der Natur und gehorchen sozialen Naturgesetzen. *Die Verwechslung der „entsetzlichen" Natur und der mangelhaften Organisationsform einer Gesellschaft scheint bei allen Linken symptomatisch* : Sie scheinen damit intelligent, aber nicht ehrlich. Und sind sie ehrlich, mangelt es ihnen an Intelligenz.

Sie sind (wohl durch eingeschränkte kognitive Fähigkeiten des IKEA-Massenmenschen bedingt) ausschließlich fähig zur ökonomischen Simplifizierung kompliziertester sozialer und psychischer Elemente, aus welchen dann ihre moralische Kapitalismuskritik „obendrein mit sittlichem Pathos" (H. v. Doderer) besteht; überdies entsteht dadurch bei (beiden) Diskussionspartnern eine Dialog-Sackgassen-Verbockung.

Ihre Covid-Affinität, sowie die strittige und allgemein streitig gebliebene, von ihnen aber im allgemeinen befürwortete Thesis, dass die China-Grippe eine pestilenzialische Todeskrankheit sei, korrespondieren mit ihrer Liebhaberei zu mannigfaltigen Kontroll– und Regelmechanismen sowie dümmlichem Planungsoptimismus.

Aber sie sind beileibe nicht mehr das *einzige* gesamtgesellschaftliche Großexperiment in künstlicher Dummheit[41] ... *Alle* Parteien und fast alle Denkformen stehen der Linken in religiöser Selbstverbrämung letztendlich in nichts mehr nach.

---

[41] Begriff von Kathrin Passig (geb. 1970), einer Autorin/Kulturkritikerin, welche seit 2011 das Projekt „Zufallsshirt", ein „Experiment in künstlicher Dummheit" initiierte.

Wir sind auf einem Fest, das uns nicht liebt. Zum
Schluss lässt das Fest seine Maske fallen und zeigt
sich als das, was es wirklich ist.

Tomas Tranströmer, (1931-2015)
Schwedischer Lyriker

Wieder ein Wort zum raschen Schluss

Was ist Realität und annährend relative Wahrheit in
diesen Zeilen? Vielleicht sind die Sätze imprägniert
mit dem speziellen Bewusstsein des Autors und
„seiner individuellen Sensorik"[42]. Wahrheit ist nach
dem Meinen des Autors annährend (scheinbar ein
relativierendes Lieblingswort von mir!) erkennbar.
Unsere Zeit klammert den Wahrheitsbegriff
teilweise aus: Meinungen und arbiträre
Befindlichkeiten sind wichtiger als Wahrheit. Damit
steht der Willkür Tür und Tor offen.

---

[42] Dieter E. Zimmer

Wann setzen neue Leitträger und Kulturbilder ein? Erst wenn der große Vereindeutiger aller sonst divergierenden Meinungen gekommen ist, wenn der ökonomische Worst Case eingetreten ist. Das eben ist nicht zu wünschen. Überhaupt nicht! Sodann wird rigoros dem Ökonomieprinzip gefolgt.

Für unsere verbliebene Zeit sollten wir bewusst plumpe, dichotome Antigeistigkeit sowie Stereotypisierungen, dümmliche Verallgemeinerungen, Ersatz- und Prothesengötter, Wut über den Sprachsound von müden, demophoben Afterstaatsmännern[43], denkvermeidende, misstrauisch machende, ineffiziente Schlagwörter und überhaupt alle missverstandene Geistigkeit und schwüle Phrasen vermeiden zu denken!

Ein wenig selbstgepflegte Apperzeptions-Verweigerung in einem Nachrichtenzeitalter rein interpretierender Wirklichkeitsdarstellungen hilft dabei, den eigenen Wutspiegel und daraus folgende fruchtlos-abstrakte Negationen nicht in bedenkliche Höhen zu treiben.

---

[43] Stifter, Adalbert, in: Der Nachsommer. 1857

Diese Worte reden einer neuen, beängstigend-fatalistischen Frömmel-Gleichgültigkeit allerdings nicht zu Munde.

Wir vermeiden mit dieser teilmedialen Askese wirklich erfolgreich die Rezeption von spätabendlichen TV-Expertenrunden und Medienstarphilosophen, welche durchaus geschickt agierend ständig ein mit Pseudokritik angereichertes Lob an unsere diesem „kältesten aller kalten Ungeheuer"[44] vorstehende Schicksalslenker verbreiten.

Mit einer bewussten Karenz dieser Meinungs- und Bilderlawinen bleibt uns, trotz unserer selbstverständlichen Informationspflicht, der Zugang zum Wesentlichen eines Vorganges oder Phänomens erhalten. Zumindest zu versuchen, sich aus den beinahe unvermeidlichen, oft hässlichen Interdependenzen und Determinationen der gegenseitigen Abhängigkeiten von uns Menschen herauszulösen, ist lohnend und mannigfaltigen Ärger vermeidend.

---

[44] Nietzsche, Friedrich; in „Also sprach Zarathustra": „Staat heißt das kälteste aller kalten Ungeheuer."

Und „Mit dem Alter bin ich im Belehren und Beeinflussen-Wollen anderer Menschen immer vorsichtiger geworden."[45]

Dennoch: „Mit den Irrtümern der Zeit ist schwer sich abzufinden. Widerstrebt man ihnen, so steht man allein: lässt man sich davon befangen, so hat man auch weder Ehre noch Freude davon."[46]

Davon kann auch der Autor vorliegender Zeilen durchaus ein Liedlein pfeifen:

„Eine unbestimmte Traurigkeit erfüllte ihn plötzlich. Sich nicht eins mit dem offiziellen Geplärr seiner Umgebungen und Zeit zu wähnen, ging ihm bislang oft so, ohne dass es ihn zu sehr störte. Eigentlich die Mehr-Zeit seines Lebens. Aber dass es ihm *so* wenig einträgt!"[47] Seine Charakterstärke (oder Unvermögen?), mit denen er sonst den Ausschließlichkeitsanspruch-Sprüchen der Zeit widerstand, schwand ... Aber der Verstand siegt nun indes ohnehin nie. Allenfalls kann man

---

[45] Hesse, Hermann, aus einem Brief an Herr W. im April 1953.
[46] Goethe, J.W.: Maximen und Reflexionen
[47] Scheidig, Dieter: Was wir zu Corona sagen. Zwei Erzählungen. BoD 2022. S. 54 ff.

innerhalb der Lebens-Ausgeliefertheit Würde bewahren ... Allenfalls!"[48] So mein Alter Ego in der Erzählung „Was wir zu Corona sagen[49]".

Wir sollen und müssen der konkreten Realität unserer gegenwärtigen Existenz in ebendieser Gesellschaftsformation und dem „Gesamtkomplex Dasein" (Uwe Tellkamp) – wenn irgend möglich – eine abstrakte Bedeutung verleihen[50] und eine geringe leuchtende Teilspur des Steins der Weisen durch eigene Belehrungs- und Lernfähigkeit sowie Mindestkreativität in uns selbst finden. Kreativität, Lernen, Geduld und Demut als Weltschutz!

---

[48] Ebenda, S. 55.
[49] Scheidig, Dieter: Was wir zu Corona sagen. BoD. 2022.
[50] Adams, William Lee: The dark side of creativity

Und als ungebrochener Einzelner (ein Wort von Ernst Jünger) in der Hoffnung, dass die unsäglichen Zeiterscheinungen bald wieder von der Oberfläche der Gesellschaft abschmelzen, uns weder von Gewalt und Vernunft[51] zerreiben lassen, denn:

„Die Welt darf uns jagen, aber nicht fangen.", wie der Philosoph Skavoroda (1722-1794) einst klug sagte ...

---

[51] Ein Wortpaar von Peter von Matt. v. Matt, Peter: Don Quijote reitet über alle Grenzen. Europa als Raum der Inspiration. Basel. 2017. S.34f.

Über den Autor

- 1965 im thüringischen Rudolstadt geboren

- studierte in und nach der Wendezeit in Leipzig Museologie

- über Jahre Museumsleiter eines Thüringer Stadtmuseums

- Promotion über ein sepulkralhistorisches Thema

- wohnt seit 23 Jahren in einem mit Antiquitäten vollgestopften, knapp 400 Jahre alten, selbst sanierten Bürgerhaus in Rudolstadt, viele Veröffentlichungen in historischen Periodika und Heimatliteratur sowie Novellen, gesellschaftskritische Essays und Erzählungen ...

Im gleichen Format, Aufmachung und Verlag erschienen vom Autor *u. a.*:

Zangengeburt eines neuen Zeitalters – Grundirrtümer des Jetzt. BoD. Norderstedt 2021.

Zangengeburt eines neuen Zeitalters – Zweiter Versuch. BoD. Norderstedt 2022.

Die Erinnerung des Raben – nur der Schein trügt nicht. Novelle. BoD. Norderstedt 2022.

Was wir zu Corona sagen. Zwei Erzählungs-Fragmente. BoD. Norderstedt 2022.

Raum für kritische Notizen über diese Schrift